Concesión de la Cruz de la Orden de Franz Joseph a Carlos Boríes, gobernador de Magallanes (1898-1904)

Daniel Piedrabuena Ruiz-Tagle

Booksideals

ASTURIAS, ESPAÑA

Daniel Piedrabuena Ruiz-Tagle/Booksideals
ISNI:0000000456964925
Asturias, Spain/33560
https://booksideals.wordpress.com/
booksideals@gmail.com

Concesión de la Cruz de la Orden de Franz Joseph a Carlos Boríes, gobernador de Magallanes (1898-1904)/ Daniel Piedrabuena Ruiz-Tagle. -- 1st ed.
ISBN978-84-120825-5-5

Otros libros por el autor: *El conquistador alemán Pedro Lísperguer Wittemberg: de cortesano de Carlos V y Felipe II a célebre precursor de Chile* (2009); *Los Lísperguer Wittemberg: una familia alemana en el corazón de la cultura chilena* (2010); *Impresiones de Lucía Richard: Literatura, arte y sociedad en el Chile de los años 50* (2019, 2ª Ed).

ÍNDICE

A mis hijos, herederos de esta gran historia.
A mi tío Guillermo Piedrabuena Richard en admiración
a su proyección pública y profesional. A la memoria de
su hermana Carmen por su amor por la historia y las muchas
cartas y documentos que me envió y el afecto que me profesó.

*"No hay cosa fuerte, que a papas, emperadores
y prelados, así los trata la Muerte como a los
pobres pastores de ganados"*

—JORGE MANRIQUE (*Coplas
a la muerte de su padre*)

Prólogo de Guillermo Piedrabuena Richard

Don Carlos Boríes siempre fue un mito en nuestra familia. Su origen extranjero, su recuerdo como gobernador de Magallanes o el hecho de haber sido reconocido por el káiser de Austria, siempre suscitó el interés entre nosotros. Del káiser Francisco José teníamos su certificación por la que le distinguía con la Cruz del Comendador también llamada del Comandante, de su apreciada Orden de Franz Joseph.

Si bien este documento nos había llegado, quizás no habíamos comprendido del todo sus implicaciones. Recientemente, una nueva investigación emprendida por mi sobrino Daniel Piedrabuena Ruiz-Tagle ha permitido recuperar los documentos procedentes de la Cancillería Imperial, existentes en el Archivo Estatal de Viena. Todo ello ha justificado esta nueva publicación de su autoría, que nos permite ahora tener una imagen mucho más precisa de estos venerable hechos.

Esta historia de mi bisabuelo era casi desconocida por mi familia, la que sólo estaba enterada de la circunstancia de que don Carlos Boríes había sido gobernador de Magallanes, con un desempeño muy destacado que fue reconocido por la comunidad de Punta Arenas, dándole el nombre suyo a la principal calle de esa ciudad.

Sobre el desempeño de Carlos Boríes como Gobernador de Magallanes hay abundante literatura de los historiadores magallánicos, en especial del historiador Mateo Martinic, con el cual he conversado varias veces y me ha solicitado que le proporcione más antecedentes sobre la vida de Boríes, antes de ser gobernador de Magallanes, puesto que no tenía anteriormente ninguna relación familiar en nuestra región más austral.

Para indagar esta historia de Carlos Boríes antes de su gobernación, he contado con la colaboración de mi sobrino Daniel Piedrabuena que desde España ha estudiado el tema en las bibliotecas europeas, encontrando antecedentes valiosos que vale la pena narrar. También se han aprovechado los materiales encontrados en el estudio de los títulos de la propiedad de Cerro Barón, donde se construyó la Población Piedrabuena.

En esta reconstrucción histórica, he aprovechado también algunas investigaciones genealógicas de mi hermana Carmen, pero en lo que se refiere a los familiares Boríes que aún viven y que conocemos, la información es muy pequeña y ya obraba en nuestro poder.

Una primera duda que debería ser despejada. ¿El apellido es "Boríes", con acento, como lo usaba mi padre y aparece en su partida de nacimiento o si es simplemente "Boríes", sin acento, o incluso "Boris" como se le menciona en Punta Arenas y en los letreros de la calle respectiva? ¿El apellido se pronuncia a lo francés, acentuándolo en la última sílaba o a lo alemán en la penúltima sílaba? La tradición heredada de mi abuela Enriqueta que hablaba francés, es que sus ascendientes provenían de Francia. Lo mismo sostiene Jorge Ceardi Boríes. Una débil tradición oral señala que se trató de un diplomático francés que llegó a Chile, radicándose en este país.

Algunos sostienen que el apellido tendría un origen alemán. Para ello, consideran el apellido como "Boris" que se menciona en algunas publicaciones y también otras referencias en medios argentinos donde se bautizó un barco con el nombre de Carlos Von Boris (dato obtenido de una revista naval argentina). De otra parte, en la genealogía de las familias chilenas aparece un tal "Boríes Yungue, Julio Von, que nació en Hamburgo en 1878 y llegó a Chile en 1909", dando origen a la familia Von Boríes. En la Revista RDJ de 1910, hay constancia de un caso de remate a favor de Alberto von Boríes. En una publicación reciente de la *Revista Cóndor* de la Colonia Alemana, aparece una foto de Harald Von Borries. Durante su gobernación en Magallanes, Carlos Boríes viajó a Alemania para arreglar un problema de las naves de la Sociedad Ballenera de Magallanes, porque era necesario venderlas a consecuencia de la campaña submarina alemana que hacía necesario liquidar la empresa. (Braun Menéndez, 1974). El historiador Mateo Martinic estima que la familia habría provenido de una zona limítrofe entre Francia y Alemania, con influencias recíprocas.

El primer Boríes en Chile, habría sido don Juan Boríes, agente de aduanas en Valparaíso, que contrajo matrimonio en esa ciudad, con doña Ascensión Ortiz de Zárate (¿1812?), pero los datos de su matrimonio y bautizo no fueron encontrados en las parroquias antiguas de esta ciudad, "La Matriz" y "Los Doce Apóstoles". El dato anterior fue obtenido por mi hermana Carmen del libro *Familias Chilenas* de Guillermo Cuadra Gormaz, donde aparece su cónyuge como Ascensión Zárate y ello sería un error porque el segundo apellido de sus hijos fue "Ortiz de Zárate". La sucesión de Juan Boríes se abrió en Valparaíso en 1867, según los datos de la posesión efectiva y de la inscripción especial de herencia en favor de su cónyuge Ascensión Ortiz de Zárate y de sus hijos Carlos y José Antonio Boríes Ortiz de Zárate sobre un inmueble de la calle Victoria en Valparaíso. Según dichas inscripciones y la posterior adjudicación, cada uno de los herederos se adjudicó una tercera parte del inmueble de calle Victoria del "puerto". Los hijos del matrimonio Boríes y Ortiz de Zárate fueron don Carlos y don José Antonio Boríes Ortiz de Zárate. Don Carlos nació en Valparaíso en 1840 y falleció en Santiago el 20 de mayo de 1910. Don José Antonio falleció en Valdivia en el año 1913.

José Antonio Boríes Ortiz de Zárate se casó con la Sra. Lucrecia Lavín, respecto de la cual escuché en mi infancia varias referencias de mi abuelita Enriqueta. Aquella habría estado viva en la década de 1940 y se paseaba por la calle Valparaíso de Viña del Mar junto con mis abuelas Boríes y con doña Pepa Gutiérrez viuda de Boríes. Este matrimonio dio origen a la familia Boríes Lavín, siendo sus hijos José Antonio y Raúl Boríes Lavín. José Antonio fue corredor de la Bolsa de Comercio de Santiago desde 1893 a 1913, ingresó al Club de la Unión en el año 1898 e integró varias veces el Directorio de la Bolsa de Comercio entre 1896 y 1910. Raúl fue secretario del mismo directorio y corredor de la Bolsa (ver Historia de la Bolsa de Comercio). José Antonio y Raúl Boríes Lavín, junto a su madre Lucrecia Lavín heredaron a don José Antonio Boríes Ortiz de Zárate, según sucesión abierta en 1913.

Volviendo a nuestro personaje central, don Carlos Boríes Ortiz de Zárate, éste contrajo matrimonio en 1864 con doña Ana Amelia Acevedo Cantuarias, inscribiéndose su matrimonio y el nacimiento de todos los hijos Boríes Acevedo, en la Parroquia de Los Doce Apóstoles de Valparaíso. La familia Acevedo era de Limache y fue dueña de los terrenos del Cerro Barón que luego pasaron al dominio de la familia Boríes, después del fallecimiento de don Carlos Boríes y de doña Ana Acevedo. Por ello es que las principales calles de la Población Piedrabuena se llaman Acevedo y Boríes.

El matrimonio Boríes Acevedo tuvo como hijos, a Ana Rosa (1865), Carlos Antonio (1867), Enriqueta (1869), Alejandro (1871) y Teresa (1873). Ana Rosa era demente y fue declarada en interdicción. Carlos Antonio murió tempranamente en 1916 y no sabemos si tuvo descendencia. Enriqueta Boríes Acevedo, mi abuela, nació en 1869 y contrajo en 1893 matrimonio con el ingeniero don Ventura Piedrabuena Domínguez, falleciendo en 1961. Alejandro Boríes estuvo casado con la Sra. Josefina Gutiérrez Ballerino y sus hijos fueron Ana, Beatriz y Carlos Boríes Gutiérrez.

Anita Boríes se casó con Jorge Ceardi Ferrer, diputado del Partido Conservador por varios períodos y Beatriz con Gustavo Thiermann y a sus hijos Thiermann Boríes los he podido conocer por ser socios del Club Manquehue. Posteriormente, al enviudar tuvo un segundo matrimonio sin hijos y falleció recientemente. Según Jorge Ceardi Boríes, la casa de sus abuelos que recuerda se encontraba en Chorrillos, Viña del Mar.

Alejandro Boríes fue oficial de la Armada. En varias publicaciones científicas, don Alejandro es mencionado como capitán de corbeta. En varios estudios de alto interés científico sobre investigaciones meteorológicas y sísmicas, en distintas publicaciones navales y militares, se menciona el aporte científico de Alejandro Boríes. Por último, en el diario *El Mercurio* de 7 de septiembre de 1994 aparece como noticia de cien años atrás, la siguiente: "A Europa. En la fragata británica "Indian Empire" partirán el teniente 2º de la Armada, don Juan Schroder, los guardias marinas don Luis A. Boríes, don Ernesto Raby y don Víctor Salba y de segunda don Ismael Huerta".

En cuanto a mi tía Teresa Boríes que contrajo matrimonio con el médico de la Armada, don Valentín Ossandón Montero, la conocí bastante hasta su muerte en 1967 porque la familia veraneó en su casa de calle Valparaíso Nº 131, durante más de quince años y porque los últimos siete años de su vida los vivió en nuestra parcela de Conchalí. Su único hijo fue Hugo Ossandón Boríes que murió muy joven en 1927 y está enterrado en la tumba de la familia Boríes Acevedo en el Cementerio Católico. Nuestra estimación es que ninguno de los hijos Boríes Acevedo se trasladó junto con su padre a Punta Arenas en el año 1898 cuando fue designado gobernador. Ello por la sencilla razón de que la mayoría de los hijos estaban casados y porque a esa fecha ya eran mayores de edad. Nuestra abuela y la tía Teresa nunca nos contaron nada acerca de la vida en Punta Arenas o que hubieran viajado a dicha ciudad a ver a su padre.

Respecto de la Sra. Ana Acevedo de Boríes que murió años antes que dn. Carlos, hay una duda razonable en cuanto a si vivió en la austral ciudad, puesto que hay una información de un periódico llamado *La Tarde de Chile*, en su número del 30 de marzo de 1897 que es recogida en Argentina, informando del ataque de amnesia de la esposa de Carlos Boríes (ver Academia Literaria del Plata, 1913) que expresa en pág. 172 que "la esposa del Sr. Carlos Boríes en aquel entonces Intendente General del Ejército de Chile amaneció una mañana con un ataque perfectamente caracterizado de amnesia, es decir con la pérdida total de memoria". Esta no es mencionada en las historias magallánicas y más aún, en la ceremonia social que se verificó en 1899, con motivo del encuentro de los Presidentes de Chile y Argentina en 1898 y en que Carlos Boríes fue figura central del baile y de la reunión social a que fueron invitados ambos presidentes, sin mencionarse a la señora del gobernador (Braun Menéndez, 1974).

El regalón de los hermanos Boríes Acevedo fue mi padre, don Guillermo Piedrabuena Boríes, al cual prácticamente le obsequiaron los terrenos del Cerro Barón para que hiciera una inversión y negocio, con la limitación de hacerse cargo de una hipoteca que protegía a Ana Rosa, interdicta por demencia, constituida para asegurar su subsistencia y de otra en favor de la Caja de Crédito Hipotecario para financiar la construcción de la Población Piedrabuena. Mi padre seguramente contó con el apoyo de mi abuelo, el ingeniero constructor don Ventura Piedrabuena, que lo habría asistido profesionalmente en el loteo y construcción.

Volviendo a don Carlos Boríes, nuestro personaje central, es incuestionable que su familia fue porteña porque al fallecimiento de don Juan Boríes en 1867, aparece una inscripción especial de herencia sobre una propiedad que se califica como fundo y que estaba ubicada en la calle Victoria de Valparaíso, en favor de Carlos, José Antonio Boríes y de Ascensión Ortiz de Zárate

Es posible que don Carlos Boríes haya sido creyente católico porque todos sus hijos Boríes Acevedo y su matrimonio con Ana Acevedo están inscritos en la Parroquia de los Doce Apóstoles. Además, adquirió una tumba para su familia en el Cementerio Católico en el año 1908 y a ese lugar se trasladaron los restos de su cónyuge Ana Acevedo, que había fallecido anteriormente en el año 1907.

Carlos Boríes habría tenido buenas relaciones con Monseñor Fagnano, en especial en los esfuerzos por solucionar el problema de los indígenas ubicados en Tierra del Fuego y en el proyecto de traslado a la Isla Dawson (Belza, 1977, pág. 322). Allí se expresa textualmente: "El problema llegó a tal gravedad que el 7 de agosto de 1898, (Vial Correa, 206) anota el mismo periódico, a pesar de sus diferencias religiosas y políticas, se reúnen el gobernador don Carlos Boríes, con los señores R. Stubenrauch y Mont E. Walles, que representaban a las estancias; Monseñor Fagnano a la Misión…".   ¿Cuáles eran las diferencias religiosas y políticas entre Carlos Boríes y Monseñor Fagnano? La opinión ilustrada de la época debe haberlas conocido y esto da cierto fundamento a una opinión que sostiene el Dr. Álvaro Soto en su obra *"La Masonería en Magallanes está cumpliendo cien años"*.

En efecto, en dicho trabajo su autor, el Dr. Álvaro Soto, delegado de los Masones en Magallanes, se lamenta que no se haya rendido un homenaje por la Masonería a don Carlos Boríes.

Gonzalo Vial, en su libro *Historia de Chile*, 1891-1973, Tomo I, (206, pág. 179) comenta que la Gobernación de Carlos Boríes impulsó la educación estatal y añade que "el Partido Laico no aceptó jamás la educación privada ni aún la neutra. Y no sólo rechazó la religiosa, sino que cuando pudo hacerlo la persiguió resueltamente". No sabemos exactamente si se refiere al Partido Radical y qué relación tiene con ellos el Gobernador Carlos Boríes. Un estudio más atento de la referencia de Gonzalo Vial revela que en esa época, 1898, habían escuelas religiosas de excelencia y la única escuela laica tenía muy pocos alumnos y era de muy poca calidad. Añade Gonzalo Vial que Carlos Boríes impulsó decididamente esta precaria educación laica.

Cuando Boríes volvió de Magallanes a Santiago, compró en el año 1908 una tumba para la familia Boríes Acevedo en el Cementero Católico donde están enterrados su cónyuge Ana Acevedo, fallecida en el año 1907, el propio Carlos Boríes fallecido en 1910 y todos los hijos Boríes Acevedo, vale decir Carlos fallecido en 1916, Ana Rosa en 1935, Enriqueta en 1961, Teresa en 1967 y Hugo Ossandón en 1927.

En 1879, cuando se declaró la guerra entre Chile, Perú y Bolivia, Carlos Boríes firma una carta como voluntario, junto con don Antonio Subercaseaux, dirigida al Sr. Intendente y Comandante Jeneral de Armas de Valparaíso, en que le manifiestan que están reclutando gente para que se incorpore al Ejército chileno. Esta carta se haya publicada en el libro *Historia de la Campaña de Tarapacá 1880* de Benjamín Vicuña Mackenna, capítulo I, sobre la guerra en Santiago (pág. 25).

Con posterioridad, Carlos Boríes se incorporó como civil a la Guerra del Pacífico, en las Campañas de Tarapacá y de Tacna, primero como Secretario y luego como Intendente General de Armas, desempeñándose en este último cargo durante varios años, aún después de la revolución del año 1891 y hasta su designación como Gobernador de Magallanes en 1898.

Años después del término de la Guerra del Pacífico, en una foto histórica que apareció en la *Revista Zig Zag*, don Carlos Boríes aparece con varios militares que participaron en la Batalla de Tacna conmemorando un aniversario del episodio militar en que triunfó el Ejército chileno. El Centro de Documentos del diario *El Mercurio* me ha hecho llegar una copia de dicha foto y aparecen en ella los siguientes oficiales entre otros, Teniente Coronel don Santiago O'Ryan; don Carlos Boríes, Intendente General del Ejército; General don Alejandro Gorostiaga; General don Manuel Bulnes Pinto; Coronel don Aníbal Frías; General don Emilio Körner; General don Manuel Baquedano; Coronel Silva Prado; General don Estanislado del Canto; Coronel don Pedro M. Rivas; General don Joaquín Cortés y General don José M. Novoa.

También hay referencias a Carlos Boríes como Intendente General del Ejército en algunas publicaciones vinculadas al Ejército como es *Las Fuerzas Armadas de Chile, Álbum Histórico*, Recopilación Histórica, Carlos Silva Vildósola, 1928 (pág. 408), en que aparece la foto del Comandante Santiago O'Ryan, del Intendente General de Armas, Carlos Boríes, del General Alejandro Gorostiaga y del General Manuel Bulnes, festejando el 17º aniversario de la Batalla de Tacna de 1880.

Esto comprueba la estrecha vinculación de Carlos Boríes con el Ejército en razón de su cargo de Intendente General de Armas y alguna participación tiene que haberle cabido en la Batalla de Tacna. En caso contrario, no habría participado en la celebración de ese evento bélico junto con generales y coroneles del Ejército, aunque debe reconocerse que la única persona que participa en la foto vestida de civil, es el Intendente General de Armas Carlos Boríes. Esto ocurrió en 1897, un año antes que hubiera una interpelación en su contra en el Senado y que luego fuera designado Gobernador de Magallanes en 1898.

También relacionado con su cargo de Intendente General de Armas, se ha encontrado un documento histórico del Senado de Chile, en el año 1902, en que siendo aún Gobernador de Magallanes, don Carlos Boríes, habría sido mencionado a propósito de la destitución de su sucesor en el cargo, don Juan de Dios Correa Sanfuentes. Habría existido una interpelación en el Congreso, por cuanto se habría omitido un acuerdo del Senado para destituir a esta persona que era Jefe Superior de una oficina de la Administración Pública.

La principal discusión fue si el destituido tenía una jerarquía militar o era un jefe de oficina que estaba al servicio del Ejército. Algunas opiniones en el Senado sostuvieron que por tener el grado de Coronel, no habría jurisdicción del Senado y otros sostuvieron lo contrario. La interpelación habría sido rechazada por el Congreso Nacional, toda vez que el Sr. Correa Sanfuentes ya había cesado en el cargo por supuestas irregularidades en la Intendencia General del Ejército.

Durante el debate, se recordó el caso del anterior Intendente General de Armas, don Carlos Boríes, al cual se le trató de destituir en el año 1898, sin éxito por falta de acuerdo del Senado. También durante el debate se leyó una resolución que había declarado disuelta la Intendencia General del Ejército por presuntas irregularidades

Tuve oportunidad de leer parte del debate en el Senado en que se discutió acerca de las posibles irregularidades en la Intendencia General del Ejército desde 1898, sin que se formulara ninguna acusación en contra de Boríes por falta de probidad. El Ministro de la Guerra fue emplazado por el Senador Walker Martínez para que indicara si habían existido cargos en contra del Sr. Boríes y el Ministro contestó negativamente.

El principal defensor de Carlos Boríes fue el Senador Carlos Walker Martínez, líder conservador, quien atribuyó la petición de remoción a una maniobra política por no ser el acusado partidario del Ministerio de esa época. Nuestra interpretación histórica de este asunto es que a raíz de este intento de destitución de don Carlos Boríes en 1898, el Gobierno de la época, con acuerdo de éste, tuvo la feliz idea de nombrarlo como Gobernador de Magallanes, lo que permitió desempeñar todos sus talentos en beneficio de la región magallánica.

La intervención en asuntos públicos que había tenido Carlos Boríes durante la Guerra del Pacífico y en la Campaña de Tacna, vinculándose con las Fuerzas Armadas, se comprobó nuevamente con motivo de la Revolución de 1891 en que tomó parte activa en el bando contrario a Balmaceda e incluso participó en la Junta Revolucionaria de Valparaíso.

Poco antes de la insurrección en enero de 1891, existieron directorios revolucionarios en Santiago, en Valparaíso y en otros lugares del país, pero los más importantes eran los primeros. En Santiago, la Junta Central Revolucionaria no pudo ser capturada, pero en Valparaíso la mayor parte de los miembros de la Junta si lo fueron, entre ellos don Carlos Boríes. Formaban parte del Directorio Revolucionario de Valparaíso Ricardo

Cumming, Raimundo Valdés Cuevas, Joaquín Santa Cruz, Carlos Boríes y Juan de Dios Rocuant (Méndez García de la Huerta, 1975). Además, fue famoso el caso de Ricardo Cumming quien trató de organizar un atentado en contra de una de las naves que apoyaba al gobierno de Balmaceda, pero fue sorprendido y tras un breve juicio fue condenado a muerte y fusilado, no obstante que intercedieron en su favor diplomáticos y amistades vinculadas a Balmaceda.

Mi bisabuelo, y otros miembros de la Junta Revolucionaria de Valparaíso y opositores a Balmaceda, fueron detenidos de noche, sin orden judicial, siendo incomunicados y llevados a la Penitenciaría de Santiago, donde fueron recluidos en las celdas de los reos comunes, permaneciendo allí Carlos Boríes entre el 7 y el 27 de mayo de 1891, junto con varias distinguidas personalidades de Valparaíso y de ello hay constancia en una acusación constitucional que se efectuó después de terminada la revolución, en contra de don Claudio Vicuña y cinco de sus colegas ministros.

Ilustra este tema una carta dirigida el 13 de mayo de 1891, por don Ismael Valdés Vergara, el que al parecer está con la revolución porque está escrita desde Caldera, a su hermano Francisco, que en la parte pertinente expresa: "Todos los abusos de que tú fuiste testigo en los meses pasados, son insignificantes en comparación de los que ahora se ejecutan. Quince de los presos de la cárcel fueron trasladados a media noche a la Penitenciaría, sacándolos desnudos de sus camas en medio de una lluvia torrencial. Entre ellos están D. Salvador Donoso, Francisco A. Pinto, Valentín Letelier, Carlos Lyon, Vicente Grez, Pedro M. Rivas, Carlos Boríes, Carlos Luis Hübner. Al mismo tiempo fueron apresados Benjamín, D. Manuel S. Fernández, Emilio Alemparte y varios otros que han ido a ocupar los calabozos de los otros. Se tiene a los presos en la más absoluta incomunicación, no permitiendo verlos ni a sus familiares…".

El listado de los detenidos políticos fue numeroso y entre ellos podemos destacar a don Valentín Letelier, Juan Francisco Vergara, Alejo Barrios, Juan Walker Martínez, Carlos Phillippi y otras treinta personalidades de la sociedad chilena. A este episodio se refiere un documento llamado *Acusación a los ex Ministros del Despacho*, *Srs. Claudio Vicuña, Domingo Godoy, Ismael Pérez Montt, José M. Valdés Carrera, José Francisco Gana y Guillermo Mackenna, Pruebas Rendidas durante el juicio ante el Senado*, Biblioteca Nacional, Oficina de Canjes, 1893.

Cuentan los historiadores, que los miembros del Comité Revolucionario de Valparaíso se entrevistaron con representantes de la Marina y del Ejército para sondearlos sobre su actuación en caso de que el Presidente Balmaceda procediera a prorrogar el presupuesto del año anterior, sin autorización del Congreso. Una vez que estalló el movimiento revolucionario, la Junta se encargaba de enviar reclutas, víveres y otras ayudas al Ejército del Norte.

Con estos antecedentes, incluyendo la actuación de Carlos Boríes en la Intendencia General de Armas hasta la fecha de su designación como Gobernador de Magallanes en 1898, podemos estimar que mi bisabuelo tenía alguna preparación militar y ello habría influido en su designación como Gobernador, ya que en la zona austral se vivía un conflicto muy crítico con la República Argentina, siendo necesario revisar en qué condiciones estaba la defensa de Chile para una posible guerra con Argentina, debiendo informar Boríes de la exacta situación al gobierno de la época. En la obra *Historia Militar de Magallanes* de Waldo Zawritz (2003, pág. 207), hay referencias a las gestiones de Boríes para encontrar una hijuela fiscal para dedicarla a polígono para los ejercicios de tiro del Batallón Magallanes. Con tal objeto, el gobernador Boríes recorrió la zona de Tres Puentes, junto con el comandante de armas y el capitán Rafael Naranjo, comandante de la "Compañía Carrera Pinto", con el fin de encontrar un sitio adecuado para la práctica de tiro para los reservistas y aficionados locales.

Como se sabe la situación de conflicto con Argentina se empezó a disipar en el tiempo y prueba de ello fue el Abrazo del Estrecho de Magallanes en 1899, entre los Presidentes de ambas naciones, entendimiento que culminó en los Pactos de Mayo de 1902. Esta preparación militar también le sirvió a Carlos Boríes para demostrar un carácter muy ejecutivo en sus decisiones, en especial como Presidente de la Junta de Alcaldes, logrando así un gran progreso para la Región magallánica.

Luego, hay que señalar que al terminar su período en 1904, Carlos Boríes optó por jubilar y volver a Santiago donde se habría radicado, tanto es así que compró en 1908 una tumba familiar en Santiago y no en Valparaíso que había sido la ciudad origen de su familia. En esa tumba enterró a su mujer, Ana Acevedo que había fallecido el año anterior en 1907. Volvió una vez más a Punta Arenas en 1909, ciudad que lo recibió cariñosamente por su obra en favor del progreso que hubo durante su período como Gobernador entre 1898 y 1904. Sus informes al gobierno central son muy detallados y están todos conservados en el Archivo Histórico Nacional y hay referencias a ellos en distintas publicaciones de los historiadores magallánicos (Mateo Martinic, Braun Menéndez, etc.).

La sucesión de Carlos Boríes y la de su cónyuge Ana Acevedo fue abierta en Valparaíso, su ciudad natal en 1910, pasando todos sus bienes a los hermanos Boríes Acevedo y luego de varias transacciones y/o convenios, éstos cedieron sus derechos a Enriqueta y María Teresa Boríes y éstas a su vez los traspasaron a Guillermo Piedrabuena Boríes, figurando entre los bienes traspasados la propiedad de Cerro Barón donde se construyó la Población Piedrabuena en los años 1922 a 1925, con financiamiento de la Caja de Crédito Hipotecario.

El gobernador Carlos Boríes obtuvo la aprobación para la creación del Departamento de Ultima Esperanza, con sede en Puerto Natales. Quizás por esta iniciativa, después de su muerte, en 1913, se bautizó un pequeño puerto que se llamaba Río Cuchara situado a pocos kilómetros de Puerto Natales, como Puerto Boríes y en ese lugar se instaló poco tiempo después el Frigorífico Boríes que dio gran movimiento económico a la zona. Allí vivió una pequeña colonia inglesa cuyas casas conocí hace algunos años, cuando visité Puerto Boríes y pude recorrer las instalaciones ya en desuso del llamado Frigorífico Boríes. En los años siguientes a su fundación, manejaba el frigorífico la empresa Sociedad Explotadora de Tierra del Fuego y bajo su administración se produjo un fuerte levantamiento social en el año 1919, que es relatado por Mateo Martinic, en su *Historia de la Región Magallánica*, Vol. II (2006, pág. 915).

El primer buque-fábrica nacional, dedicado a la pesca fue bautizado con el nombre de "Gobernador Boríes" (Yáñez Rodríguez, 2003, pág. 62). También Osvaldo Wegmann, en su *Magallanes Histórico* (1997, pág. 94), se refiere a los varios barcos que tenía una empresa, entre ellos "el Gobernador Boríes", buque fábrica que navegaba mar afuera con los cazadores.

No puedo olvidar la condecoración que le otorgó el Emperador Francisco José I de Austria por el reconocimiento a sus labores de ayuda en los salvatajes de varias naves en el Estrecho de Magallanes y por su ayuda a ciudadanos alemanes y austríacos para instalarse en el extremo sur de Chile. Dicha condecoración fue heredada por mi padre Guillermo Piedrabuena Boríes y recuerdo que éste la conservaba en un cuadro junto con el diploma y después de su muerte el diploma pasó a mi hermana Carmen que lo cedió a un sobrino casado con una austríaca.

Mi hermana Carmen explica lo ocurrido en una pequeña biografía de Carlos Boríes Ortiz de Zárate, expresando que éste "recibió una condecoración del Emperador Francisco José I de Austria por servicios prestados a su país, condecoración guardada por mucho tiempo por mí, y que a la muerte de su nieto Guillermo Piedrabuena Boríes, pasó a poder de Manuel Arturo Trucco Piedrabuena (tataranieto), casado con Rose Koenig, austríaca. La condecoración estaba acompañada de un diploma en alemán".

Finalmente, gracias a la pericia investigativa de mi sobrino Daniel Piedrabuena Ruiz-Tagle, que ha sido durante muchos años investigador de la Biblioteca Nacional de España, la Real Academia de la Historia y otros muchos archivos y bibliotecas, se ha podido recuperar en el Archivo Estatal de Viena el expediente de concesión de la Comthurkreuz de la Orden de Franz Joseph, lo que ha permitido concretar los motivos del otorgamiento por la Cancillería Imperial de la Orden, recuperándose las palabras del Káiser, teniendo ahora un cuadro mucho más elaborado de este emocionante episodio.

Guillermo Piedrabuena Richard

**(Ex-Fiscal Nacional de Chile,
abogado e historiador)**

Retrato de Carlos Boríes[1]

[1] Como puede apreciarse, el gobernador lleva colgada al cuello una Orden de mérito, que bien podría ser la ComthurKreuz o Cruz del Comendador y que tradicionalmente se llevaba en una cinta alrededor del cuello, con la insignia colgada en el centro del pecho. Este magnífico lienzo se encuentra en la Sala de Sesiones de la Municipalidad de Punta Arenas, obra de Nicanor González Méndez.

Retrato del emperador Franz Joseph[2]

---

[2] Francisco José I de Austria, nació en Viena el 18 de agosto de 1830 y fue emperador de Austria, rey de Hungría y rey de Bohemia, desde el 2 de diciembre de 1848 hasta su muerte, el 21 de noviembre de 1916. Se casó con Elisabeth de Baviera célebremente conocida como "Sisi". Fue tío de Francisco Fernando de Austria, cuyo asesinato provocó el comienzo de la Primera Guerra Mundial.

Certificación de la concesión[3]

Seine kaiserliche und königlich-Apostolische Majestät,

FRANZ JOSEPH I.

Kaiser von Oesterreich, König von Böhmen etc. et

und

Apostolischer König von Ungarn,

haben mit Allerhöchster Entschließung

vom 29. Juni 1903

dem

Gouverneur des Territoriums Magellanes

Don Carlos Bories

das Comthurkreuz

Allerhöchstihres Franz-Joseph-Ordens

allergnädigst zu verleihen geruht.

Die Kanzlei des Ordens hat die Ehre, die erwähnte Ordens-

Decoration im Anschluße zu übermitteln.

Wien, den 30. Juni 1903.

Der Ordenskanzler

La gobernación de Carlos Boríes: sus relaciones pioneras con Austria-Hungría

El 29 de Junio de 1898 fue nombrado Gobernador de Magallanes el señor Carlos Boríes, caballero que había prestado ya importantes servicios en la administración pública del país. Seis años permaneció el señor Boríes al frente de la Gobernación y puede afirmarse con toda exactitud que su administración fue la más fecunda en toda obra de adelanto y progreso. Punta Arenas alcanzó un rápido y sorprendente desarrollo, convirtiéndose en una ciudad moderna y con buenos servicios públicos y edilicios. Por aquellos años, Magallanes experimentó una gran transformación, cuya evolución podemos seguir gracias a las prolijas memorias del propio gobernador Boríes.

Empecemos por el año administrativo de 1898 al 31 de Marzo de 1899. La población del Territorio alcanzaba cerca de 9 mil habitantes, correspondiendo 6.000 a Punta Arenas, 2.000 a la Patagonia, 700 a la Tierra del Fuego e Isla Dawson y 200 a las Islas Australes. A la anterior había que agregar la población indígena, estimada en 2.250 individuos: onas, 1.500; alacalufes, 400; yaganes, 200 y patagones, 150. La población blanca estaba representada, en cuanto a las principales nacionalidades, como sigue: chilenos, 6,100; ingleses, 630; yugoslavos, 570; franceses, 300; españoles, 290; italianos, 270; alemanes, 190; argentinos, 140; suizos, 100 y portugueses, 80.

Por decreto supremo de 7 de Junio de 1898 se organizó la Comisión de Alcaldes, reglamentándose el cobro y la inversión de las rentas municipales. Fue éste, sin duda, el acontecimiento más importante de la vida colonial y la fecha inicial de una era de progreso y adelanto para Punta Arenas. Hasta esa época, esta ciudad ofrecía el contraste inexplicable de una población rica, prodigiosamente desarrollada en la industria y en el comercio y, en cuanto se relacionaba al servicio público, en la infancia de la civilización. Sus calles, trazadas en terreno áspero y accidentado, se transformaban durante el invierno en lodazales intransitables. El alumbrado público, tan necesario, era desconocido. Sin policía de aseo, el aspecto y condiciones de limpieza de la ciudad daban al forastero una idea muy pobre de los hábitos y cultura de sus habitantes. El agua para el consumo se extraía de norias en contacto inmediato con resumideros de desagües. Las carnes para el abasto público se beneficiaban en un matadero particular sin prescripción higiénica de ninguna especie.

Los buenos deseos y el empeño de la autoridad administrativa para atender a los servicios públicos más elementales, habían tropezado hasta entonces con la valla insalvable de la falta de recursos. De manera que la creación de la Junta de Alcaldes vino a llenar una necesidad apremiante y fue acogida con verdadero júbilo por el vecindario. La primera sesión de la Junta se celebró el 27 de Julio de 1898, presidida por el señor Boríes y con asistencia de los señores Rómulo Correa, Luis Aguirre y Rodolfo Stubenrauch. Desde entonces empezó a trabajar con entusiasmo y actividad para organizar los servicios municipales y vigilar su buena marcha, acumular los primeros elementos de trabajo y formar los reglamentos más indispensables para el aseo, la higiene y salubridad pública.

Se iniciaron trabajos de vialidad pública, habilitándose para el tránsito un kilómetro de calles en la parte más importante y comercial de la ciudad. Se siguió en la misma tarea en los barrios más apartados, ejecutándose desmontes y terraplenes. Se colocaron las planchas con los nombres de las calles y las placas para la enumeración de los edificios. Se contrató con la Compañía de Luz Eléctrica, ya establecida, el alumbrado de la ciudad, a quince pesos la instalación de cada lámpara de 32 bugías y cuatro pesos mensuales por el servicio de luz de cada lámpara, sobre un mínimum de doscientas.

No contándose con los recursos necesarios para instalar desde luego el servicio de agua potable, se aprovechó en lo posible la cañería matriz, de propiedad fiscal, que se extendió en 1896 para surtir de agua del río de las Minas a los buques de la Armada. Se sacaron ramales en diversos puntos de su trayecto y se construyeron pilones para suministrar gratuitamente agua potable a la población. Se construyeron cuatro fuentes en la Plaza Muñoz Oamero, proyectándose convertir dicho paseo en un parque inglés, en cuyo centro, a no dudarlo, decía el señor Boríes: "será más tarde donde se glorifique al navegante que el año 1520 descubrió el Estrecho que une en esta región austral el Océano Atlántico con el Pacífico".

Se dictaron los siguientes reglamentos: de carruajes, carros y carretas; de abastos; de casas de tolerancia; para el cobro de multas; sobre barrido y aseo de la ciudad; sobre corrales y establos; sobre materias inflamables; sobre chimeneas; sobre construcciones; sobre animales sueltos, etc. Se concedió privilegio por diez años al señor Guillermo A. Jones para el establecimiento de líneas telefónicas en la ciudad y para la parte rural del Territorio. Esta empresa empezó a funcionar desde principios de 1899, proporcionando muchos beneficios, especialmente al comercio. Poco después amplió sus líneas hasta Gallegos y Río Verde.

El señor Boríes abogaba por la constitución de la propiedad rural, dando a los arrendatarios las expectativas de quedar dueños de los terrenos, con cuya medida la ganadería y otras industrias derivadas se desarrollarían admirablemente, abriendo nuevos horizontes a la producción y riqueza nacionales. El movimiento comercial de Punta Arenas, relativamente al número de sus habitantes, era enorme, debido a tres factores principales: el bienestar siempre progresivo de la población, el abastecimiento casi total de las colonias argentinas de la Patagonia y Tierra del Fuego, y las franquicias aduaneras de que disfrutaba este puerto.

Las relaciones comerciales con la Patagonia argentina daban vida próspera a la navegación de cabotaje, que se hacía exclusivamente por buques chilenos. En 1898 entraron al puerto de Punta Arenas las siguientes naves chilenas y extranjeras: 30 barcos de guerra, 297 vapores mercantes y 16 buques de vela, con un tonelaje total de 675,000 toneladas. En la misma fecha pertenecían a la matrícula de este puerto: 9 vapores con un tonelaje total de 1,202 toneladas; 8 pontones, 13 goletas, 3 pailebots, 11 cúters, 2 balandras y 4 remolcadores; sin contar las lanchas, lanchones, chatas y otras embarcaciones menores.

El Cuerpo de Policía contaba sólo con 58 individuos, entre oficiales y guardianes, dotación escasísima para poder atender en la ciudad, en los alrededores y en otros centros ya de numerosa población. Se solicitaba su aumento a cien hombres por lo menos. La inmigración nacional, fomentada por el Gobierno en los últimos años, era ya un hecho normal y de importancia siempre progresiva. Como colonos, la mayor parte de los nacionales fracasaron, pues más bien eran obreros que agricultores.

La corriente inmigratoria espontánea del extranjero, seguía también en aumento, constituyendo uno de los factores principales del progreso de esta región del país. La Junta de Beneficencia, constituida el 15 de Setiembre de 1898, venía desarrollando su labor dentro de los escasos recursos de que podía disponer. Los enfermos menesterosos eran atendidos con visitas médicas a domicilio, proporcionándoseles pasajes gratuitos para los puertos del Norte a aquellos cuya enfermedad requería un clima más benigno. Al mismo tiempo se trabajaba en la habilitación provisoria de un local para hospitalizar a los enfermos.

El servicio de vacuna fue creado para Magallanes el 8 de Julio de 1898, a cargo del médico de ciudad y de un vacunador. En los seis primeros meses *se* efectuaron más de mil vacunaciones. El Consejo Departamental de Higiene se constituyó a fines del mismo año 1898, ocupándose desde entonces de las diversas materias relacionadas con la higiene pública, como el establecimiento de una estación sanitaria y la instalación de un laboratorio químico.

La instrucción pública seguía funcionando en forma deplorable, principalmente por las deficientes condiciones de construcción e higiene de los edificios, que más bien eran galpones ruinosos y abiertos a toda intemperie. Así, con un total de 88 alumnos matriculados en 1898 en la escuela de hombres, hubo una asistencia media de sólo 12. La asistencia media en la escuela de niñas fue de 35 alumnas sobre 80 matriculadas. Los preceptores continuaban ganando el mísero sueldo de 60 pesos al mes. Por tales circunstancias, muchos padres de familias acomodadas enviaban a sus hijos a completar sus estudios a Montevideo y Buenos Aires.

Se inició la construcción del edificio destinado para las oficinas del Juzgado de Letras, Cuartel de Policía y Cárcel. La población de Puerto Porvenir, creada por decreto supremo de 20 de Junio de 1894, estaba llamada en época no lejana a ser el centro obligado del comercio de Tierra del Fuego. Comprendiéndolo así el gobernador Boríes, proponía al Gobierno algunas medidas del carácter administrativo: recoger a los indígenas fueguinos y proveer a su educación y sustento; ensanchar el área de los terrenos urbanos y suburbanos que correspondían a la población, por ser insuficientes las mil hectáreas que se habían destinado a ese objeto; renovar el contrato de subvención para el servicio de navegación entre Punta Arenas y Porvenir, con tres viajes por semana; aumentar el personal de la policía de seguridad, que estaba servida sólo por seis indivi-duos; y dotar a esa población de una oficina de Registro Civil, Correos y otros servicios indispensables.

En su segunda memoria anual, el 31 de Marzo de 1900, el señor Boríes daba otros datos muy importantes sobre la marcha administrativa de este Territorio. Insistía en la necesidad de crear nuevas subdelegaciones en las nacientes poblaciones que se levantaban a fin de hacer así más eficaz la labor administrativa. El 19 de Diciembre de 1899 había sido fundada la población de Puerto Prat, en el Seno de Ultima Esperanza, acto que fue presidido por el perito chileno en la cuestión de límites con la Argentina, general don Arístides Martínez. Con cada vapor llegaban nuevos colonos, estimándose la población en todo el Territorio, en más de 11,000 habitantes.

La Junta de Alcaldes continuaba con tesón su laboriosa tarea de ensanche y mejoramiento de los servicios públicos. Las entradas municipales en 1899 ascendieron a $ 130,662. La vialidad pública seguía siendo debi-damente atendida, invirtiéndose en ella más del 40 por ciento de las entradas del Municipio. El 26 de Enero de 1900 se subastaron en arrendamiento más de 300 mil hectáreas de tierras fiscales en la Patagonia, ha-biendo numerosos interesados, a un canon medio que fluctuaba entre seis y doce centavos la hectárea. La ganadería estaba ya en plena prosperidad. El comercio se desarrollaba en condiciones muy favorables. Las industrias aumentaban rápidamente, dando ocupación a numerosos brazos.

A mediados de Febrero de 1899 se efectuó en Punta Arenas la histórica entrevista entre el Presidente de la República don Federico Errázuriz y el Presidente de la Argentina, don Julio Roca. La visita a Magallanes de nuestro Primer Magistrado fue muy fructífera para la atención de diversas y urgentes necesidades que se hacían sentir en este Territorio.

Dentro de todas estas iniciativas debemos hacer un alto para hablar de lo mucho que el gobernador pro-movió la inmigración y concretamente sus relaciones con Austria-Hungría, de las que fue pionero[4]. A principios de 1900, Austria-Hungría exploraba ya las posibilidades de extender sus relaciones consulares y diplomáticas del Atlántico al Pacífico[5]. Por aquel entonces estaba encargado de fomentar estas relaciones el conde Agenor v. Goluchowski (1895-1906). En este momento tienen lugar los primeros contactos oficiales de representantes austro-húngaros en gira de buena voluntad y sondeo diplomático. Estos primeros sondeos permitirán en 1903 el establecimiento permanente en Santiago de un representante diplomático de Austria-hungría, aunque la plena y fructífera bilateralidad no se conseguirá hasta 1910.

---

[4] Estos primeros contactos fueron determinantes para la concesión a Carlos Boríes de la Cruz de la Orden de Franz Jo-seph como iremos viendo.

[5] El imperio de los Habsburgo tenía desde el siglo pasado relaciones y representaciones diplomáticas y consulares con otros países de América Latina: con Brasil desde diciembre de 1808, con Méjico desde septiembre de 1864 hasta el 19 de junio de 1867 cortadas por la trágica muerte de Fernando Maximiliano de Habsburgo (1832-1867) el efímero emperador de Austria, hermano del emperador Francisco José I (1830-1916); con Argentina desde 15 de febrero de 1872, mientras Uruguay y Paraguay dependían de la representación austro-húngara de Buenos Aires.

Tras la fiebre aurífera del lustro precedente en el que se enumeran 359 ciudadanos austro-húngaros[6], el gobierno de Viena y por iniciativa de su Ministro de exteriores von Goluchowski, planea en 1900 el envío de una nave de la Marina de Guerra en viaje de estudios alrededor del mundo, lo que se completaría con un programa de sondeos diplomático-consulares y estudios de los mercados exteriores. Es así como la fragata "Donau" (Danubio)[7] zarpó el 1º de mayo del Puerto de Pula, llevando a bordo 12 oficiales, 24 cadetes y 380 marineros, en viaje de instrucción, al mando del capitán de fragata Antonio Haus, a la cual se había incorporado el ministro, consejero de la Legación de Austria-Hungría en Buenos Aires, señor Bela von Rakovsky, llegando el barco al puerto de Punta Arenas en el mes de septiembre de ese año de 1900. Así lo recogió la prensa:

"El gobernador Carlos Boríes ofreció un banquete al representante diplomático y la colonia austríaca un picnic al Ministro, al capitán, los oficiales y la marinería de la nave, el 6 de septiembre".

La siguiente descripción nos ofrece una idea del espíritu que animaba a la colonia, y la importancia que había adquirido en aquella fecha:

"La sencilla fiesta campestre se convertía en verdadero banquete. En los salones del restaurante 'Miramar', estaban las mesas de la oficialidad e invitados, y en el patio las mesas de la tripulación. El salón oficial estaba adornado con banderas chilenas y austro-húngaras, en cuyo centro se destacaba el retrato del monarca austríaco Francisco José" (Bonacic Doric, 1941-1946, pág. 195 y ss).

Con todos los pormenores del protocolo, el cronista continuaba:

"En el puesto de honor de la mesa, exquisitamente adornado, estaba el gobernador, que tenía a su derecha al diplomático y a su izquierda al comandante de la fragata. A la derecha e izquierda, respectivamente, estaban el jefe del Apostadero Naval y Stubenrauch, cónsul de Alemania. Frente al gobernador estaba el comandante del 'Presidente Pinto'. El resto de las dos alas laterales de la mesa estaba ocupado por la oficialidad y miembros de la colectividad".

---

[6] Los documentos de Viena de la concesión de la Cruz de la Orden de Franz Joseph a Carlos Boríes ya hablan en 1903 de una colonia de ciudadanos austro-húngaros de 1500 personas.

[7] Resulta interesante señalar que el "Donau" o "Danubio" fue un barco de vieja construcción, de madera, que había tomado parte en las gloriosas batallas de Helgoland, en 1864, contra Dinamarca, junto con la Armada de Prusia y en Vis (Lissa), el 20 de julio de 1866, contra Italia, aliada de Prusia en la Guerra de Siete Semanas. Esta última batalla fue la más grande del siglo, después de Trafalgar, en la que por primera vez se enfrentaron buques de guerra acorazados. Bajo el mando del joven contraalmirante Wilhelm von Tegetthoff, la Armada austríaca obtuvo una victoria indiscutible sobre la Armada italiana de 12 acorazados. La fragata "Donau" formaba parte de la 2ª división de barcos de madera a vapor, similar al navío de línea de madera "el Káiser" de 5100 toneladas y 92 cañones (Martínez-Hidalgo y Terán, José María, 1961).

"La mesa del salón contiguo estaba ocupada por clases de marinería distinguida de la nave y miembros de la colonia".

"Al destaparse el champaña, ofreció la manifestación Lorenzo Milos. Entre sus improvisadas frases, rogaba a los marinos festejados manifestar a su vuelta a la patria, que la colonia austríaca se encontraba próspera y feliz, gracias a la franca hospitalidad que le brindaba la República de Chile, a la que llegaban a considerar como su segunda patria".

"Mateo Pasinovic[8] brindaba por la patria ausente y el bondadoso monarca, y por el placer que sentían los presentes de ver, después de tantos años, al diplomático y marinos de su patria".

"Contestó el gobernador y dirigiéndose al Ministro Rakovsky, hizo resaltar la honradez y las buenas costumbres de la colonia austro-húngara, y agradeció los honrosos conceptos emitidos en homenaje a Chile".

"En correcto castellano contestó el Ministro, y al referirse en elocuentes frases a Chile y a la hospitalidad brindada a sus connacionales, fue muy aplaudido como el resto de los oradores".

"Habló también en italiano el comandante Haus, agradeciendo al gobernador y a sus compatriotas, a nombre propio y de la oficialidad a su mando, por las opiniones respecto a sus connacionales y por la manifestación de que eran objeto".

"El comandante en jefe del Apostadero habló de las Marinas chilena y austríaca, cuyas palabras agradeció el comandante Haus, agregando que la Marina chilena supo siempre cumplir con su deber".

"La banda de la fragata ejecutó los Himnos chileno y austro-húngaro".

"Era digno –registra *El Magallanes*– oír los hermosos coros de canciones dálmatas, entonadas después de la fiesta por la entusiasta marinería", de lo que se puede sacar en conclusión de que la mayoría de la tripulación estaba formada por croatas de la costa del Adriático.

El cónsul alemán, señor Stubenrauch, como representante de los intereses de Austria-Hungría, ofreció una manifestación a los marinos en el Club Alemán, al cual fueron invitados miembros del Cuerpo Consular. La banda de la fragata ejecutó los himnos chilenos y de los países de la Triple Alianza.

Al despedirse, el cronista capta fielmente los sentimientos de la colonia, destacando que al surcar la fragata Danubio las aguas del Estrecho de Magallanes, muchos corazones patriotas sintieron la nostalgia de las canciones eslavas del Adriático (Pontificia Universidad Católica de Chile, 1967).

---

[8] Hermano de José Pasinovic, quién será después, en 1903, nombrado cónsul de Austria-Hungría en Punta Arenas.

Se sabe por *El Mercurio de Valparaíso* que el 30 de septiembre de 1900, la fragata fondeó el 29 de septiembre en Corral sin novedad. Según la misma publicación en noticia aparecida el ocho de octubre, el día seis de octubre, el "Donau" zarpó de Tahualcano en dirección al Puerto de Valparaíso. Tanto en Valparaíso como en Santiago los huéspedes del "Donau" fueron muy festejados durante toda su permanencia. Según la crónica de *El Mercurio* (18 de octubre de 1900), "El Ministro von Rakovsky, el comandante del "Donau" y ocho oficiales de esa misma nave, llegaron el día anterior a Santiago a conocer la ciudad, en compañía del cónsul de Austria-Hungría en Valparaíso".

Acompañados del sargento mayor, don Carlos Briones Luco, los huéspedes austríacos visitaron, en el Palacio del Gobierno, a los Ministros de Relaciones Exteriores y de Guerra y Marina. También visitaron el Estado Mayor General y recorrieron después la ciudad.

Durante la noche se les ofreció un espléndido banquete en la Escuela de Clases. Al día siguiente don Carlos Cousiño los convidó a almorzar en la Fábrica de Cerveza. Por la tarde visitaron el Picadero del Escuadrón de Escolta y la Escuela Militar. Por la noche se les invitó a una función en el Teatro Municipal. Tanto el diplomático, Barón Vela von Rakovsky, como los marinos austro-húngaros quedaron muy complacidos de su estadía en Santiago y agradecidos de la forma cariñosa en la que habían sido recibidos por la sociedad chilena.

El Mercurio de 24 de octubre señalaba como el Barón fue invitado a presenciar un ejercicio de la tropa de caballería, lo que entroncaba muy bien con su linaje y tradiciones, ya que procedía de la nobleza del campo húngaro. Asimismo, el noble diplomático fue recibido por Rafael Errázuriz Urmeneta, que lo invitó al hermoso fundo de Panquehue. A su regreso, fue invitado por Arturo Cousiño a la hacienda de Malcul (*El Mercurio* de 25 de octubre de 1900). "Ayer visitó a los miembros del Cuerpo Diplomático, siendo en todas las Legaciones galantemente atendido".

El Mercurio de Valparaíso, el 27 de octubre, informaba que el señor von Rakovsky se conferenció con S.E. el Presidente de la República, don Federico Errázuriz Echaurren y por la noche tuvo un banquete junto al comandante Haus y otros oficiales en casa del vicealmirante Jorge Montt. La colonia alemana de Valparaíso organizó un baile en su honor en Cerro Alegre. El dos de noviembre el "Donau" zarpó hacia Taltal, partiendo de allí hacia los puertos peruanos. El 6 de noviembre partió hacia Antofagasta. Recibiendo homenajes y atenciones en todos los lugares en los que estuvo. Finalmente, el "Donau" zarpó de Antofagasta hacia Iquique, Mollendo, Callao, Guayaquil, Panamá, Vancouver, Yokohama y Hong-kong. De allí siguió hasta el Mar Rojo, circunnavegando la tierra hasta El puerto de Pula, Austria, en septiembre de 1901 (Pontificia Universidad Católica de Chile, 1967). Con ello concluyó una magnífica expedición diplomática en la que Carlos Boríes se involucró plenamente.

Siguiendo con la gobernación de Carlos Boríes debemos pasar ahora a los años 1902, 1903 y 1904 de su administración. La Junta de Alcaldes seguía prestando atención preferente a la pavimentación de las calles, terraplenes y desmontes y formación de veredas. El alumbrado público, contratado nuevamente con la Empresa de Luz Eléctrica por 36 mil pesos al año, había mejorado notablemente. Se habían tendido cañerías provisorias de agua potable por algunas de las calles de la ciudad. Los estudios para la instalación de los servicios de agua potable y desagües calculaban en 380,000 pesos el costo que originaría la realización de este proyecto, en el que tan empeñado estaba el señor Boríes.

En la imposibilidad de postergar por más tiempo la iniciación de estas obras, se resolvió gestionar un empréstito bancario y se pidieron propuestas en las principales ciudades del extranjero. Aunque correspondió a la administración posterior llevar a cabo tan importantes trabajos, al señor Boríes se le debe el haber dejado dicho proyecto en vía de fácil realización. La instrucción pública se iniciaba en Punta Arenas en forma efectiva y regular. Gracias a los constantes esfuerzos del señor Gobernador, se obtuvo en 1900 la creación de dos escuelas superiores y una mixta, número que se aumentó en los años siguientes. El número de alumnos matriculados en los diversos establecimientos de instrucción primaria y en los colegios particulares excedía de mil.

El 10 de Agosto de 1902 se inauguró la escuela nocturna en el local de la escuela superior de hombres, alcanzando la matrícula a 108. La Junta de Alcaldes, en su propósito de cooperar al mejor desarrollo de la educación pública, subvencionaba anualmente al preceptorado. El señor Boríes manifestaba al Gobierno la necesidad de crear el Liceo Comercial y Agrícola, construir locales escolares apropiados, aumentar el número de escuelas y dotar a éstas de un buen material de enseñanza. Se construyó un malecón frente a la Gobernación Marítima, formándose una plazoleta de 1,700 metros cuadrados.

Los caminos rurales tampoco fueron descuidados, ejecutándose en ellos diversos trabajos. En 20 de Marzo de 1902 se subastaron en propiedad 742,749 hectáreas de terrenos fiscales en $ 5.562,108. El señor Boríes abogaba por la subdivisión en lotes no superiores a 20,000 hectáreas, única manera de propender al futuro desarrollo de la región, creando nuevos centros de población, nuevas industrias y un mayor bienestar. Cuán distinto habría sido el progreso actual de Magallanes si el Gobierno hubiera atendido tan sanas y patrióticas observaciones. La construcción del nuevo Hospital, iniciada cuatro años antes, llegaba a su término.

Se prosiguieron los trabajos de otros varios edificios públicos para los distintos servicios administrativos. Las importaciones y exportaciones en 1902 alcanzaron a cerca de 10 millones de pesos, cifra que da una idea de la gran importancia que ya había adquirido el puerto de Punta Arenas. La iluminación del Estrecho contaba ya con los faros de Punta Dungeness, Punta Delgada, Cabo Posesión, isla Magdalena, San Isidro y Evangelistas.

Como se ve, el progreso que en todo sentido se observaba en Magallanes era sorprendente, correspondiéndole en ello parte principalísima al Gobernador cuya actuación venimos reseñando. Al terminar su segundo período administrativo, el señor Boríes obtuvo el 12 de Agosto de 1904 su jubilación, trasladándose a Santiago el 10 de Setiembre de ese año. En su reemplazo quedó interinamente el Comandante en Jefe del Apostadero Naval, don Leoncio Valenzuela.

El señor Boríes se granjeó en Magallanes el aprecio general por sus rectos procederes y por su incansable empeño en obtener el progreso de esta sección del país. Como primer Presidente de la primera Junta de Alcaldes, le cupo organizar todos los servicios municipales, encarrilando la ciudad en su completa transformación, haciendo obras de mucha importancia y dejando encaminadas otras, como los servicios de asistencia pública y saneamiento de la población. En Enero de 1909 visitó por última vez Punta Arenas, siendo recibido cordialmente por la Junta de Alcaldes y el vecindario. Falleció en Santiago en Mayo de 1910.

La Comisión de Alcaldes, para honrar su memoria, hizo colocar en la sala de sesiones el retrato al óleo del señor Boríes, al lado del de su digno antecesor don Manuel Señoret, y dio su nombre a una de las principales calles de la ciudad.

Para finalizar, tenemos otro relato que atestigua la buena gestión de Boríes y su calidad humana. Se sabe que ya estando para acabar su mandato en Punta Arenas, José Menéndez, potentado de la Patagonia, viajó a Santiago representando los intereses de los empresarios de Magallanes, en cuya ocasión se entrevistó varias veces con Germán Riesco Errázuriz, por entonces presidente de Chile, al que aconsejaba en cuestiones de Estado. Así sucedió cuando se rumoreó la partida de Carlos Boríes, a la sazón gobernador de Magallanes. Así lo dejó plasmado José Menéndez en carta escrita a Mauricio Braun:

"Mi idea era recomendarle (al Presidente) que, si llegase el caso de hacer un cambio de gobernador reemplazando al digno y honrado caballero que ahora y desde hace cuatro años tenemos, de fijarse en hombre bueno, serio y digno de por acá, y de ninguna manera confiar el puesto a ninguno de los de por allá que lo solicitan, pues el nombramiento de uno de ellos lo consideraríamos como una desgraciada calamidad local (Alonso Marchante, 2019).

Ese caballero digno y honrado fue mi tatarabuelo, el que poco tiempo después recibió la Cruz de la Orden de Franz Joseph por mandato nada menos que del emperador del Imperio austrohúngaro.

Daniel Piedrabuena Ruiz-Tagle

(Investigador de la Biblioteca
Nacional de España,
abogado y escritor).

Imagen de la Comthurkreuz o Cruz del Comendador

Significado de la Orden

a Orden imperial de Francisco José fue una orden del Imperio austríaco y de su sucesor el Imperio austrohúngaro destinada a premiar los méritos civiles y posteriormente también méritos militares. Fue creada por el emperador Francisco José I de Austria por decreto de 2 de diciembre de 1849, en el primer aniversario de su accesión al trono. Sus estatutos fueron fijados por decreto de 25 de diciembre de ese mismo año. En la evaluación del mérito no importaba ni el nacimiento ni la religión ni el estatus.

En el momento de su creación la orden contaba con tres clases: Caballero de la Gran Cruz, Comendador y Caballero. No se requería ninguna posición o rango previo para ser elegido miembro de la orden. Posteriormente, en 1869, se empezó a otorgar la clase de Comendador con estrella, que ocupaba una posición inmediatamente inferior a la Gran Cruz. El 1 de febrero de 1901 se introdujo la clase de Oficial, inmediatamente inferior a la de Comendador.

Jerarquía de las condecoraciones:

1. Caballero de Gran Cruz (Großkreuz).
2. Comendador con estrella (Komturkreuz mit Stern, a partir 1869).
3. Comendador sin estrella (Komturkreuz).
4. Oficial (Offizierskreuz, desde 1901).
5. Caballero (Ritterkreuz).

El modelo de división de las órdenes del mérito en cinco niveles, fue un sistema introducido por primera vez en Francia en 1802 por Napoleón Bonaparte con la Fundación de la Legión de Honor. Con el establecimiento de otras numerosas órdenes de mérito en los siglos XIX y XX, este patrón se adoptó con frecuencia y, por lo tanto, se extendió por todo el mundo. La clasificación en tres niveles (Caballero - Comendador - Gran Cruz ya existía desde mediados del siglo XVIII, por ejemplo, la Orden Húngara de San Esteban. En el caso de la condecoración otorgada a Carlos Boríes, el término Comthur se refiere al nivel medio de una orden de mérito dividida en varios niveles.

A diferencia del resto de órdenes de caballería creadas hasta entonces en el Imperio austríaco, la orden no concedía la nobleza ni personal ni hereditaria. Sin embargo y como gran novedad todos los miembros de la orden contaban con derecho de entrada a la corte. La Orden contaba con distintos oficios: Canciller, de quién dependían el tesorero, secretario, archivista y clérigo de la cancillería.

La insignia consistía en una cruz patentada esmaltada en rojo y con los bordes dorados. En el centro de la cruz se encontraba un círculo esmaltado de blanco con las iniciales de Francisco José (F.J.) en dorado. El anverso del círculo contenía la inscripción "1849". La cruz se encontraba encima de un águila bicéfala de oro, que sujetaba desde un pico al otro, la cruz con una cadena que portaba el lema del Imperio, VIRIBUS UNITIS. Todo ello estaba rematado por la corona imperial.

Podía otorgarse por elevar la cultura de la tierra; por haberse distinguido en la industria o comercio nacional; por servicios sobresalientes en el arte o en la ciencia; por haber trabajado sacrificadamente por la humanidad; o cualquier servicio excelente al trono o al reino. También podían recibirla los extranjeros que hubieren realizado servicios esenciales.

En el ámbito de guerra, se otorgaba para premiar los actos de mayor valentía y podía concederse con espadas. La cinta de la orden era por completo de color rojo, salvo aquellas condecoraciones otorgadas por méritos de guerra que recibían una cinta roja con líneas blancas en el centro y en los bordes de la misma. Tradicionalmente se portaba mediante una cinta alrededor del cuello, con la insignia colgada en el centro del pecho.

Respecto al motivo de la concesión a Carlos Boríes, la tradición oral señaló el salvamento de unos buques austríacos atrapados en el Estrecho de Magallanes, lo que no puede descartarse. Sin embargo, las nuevas informaciones procedentes de la Cancillería Imperial de la Orden de Franz Joseph, indican que el gobernador fue un gran promotor de la colonia austríaca establecida en Punta Arenas, que en torno a 1900 se componía de unas 1500 personas.

Sin duda, es todo un honor, incluso una rareza, que un gobernador de un país tan alejado como Chile recibiera esta insigne condecoración en la que abundan personajes del Imperio austrohúngaro. Entre los personajes internacionalmente reconocidos que recibieron la destacada Cruz se encuentra el famoso monje checo, Gregor Mendel, padre de la genética.

Daniel Piedrabuena Ruiz-Tagle

Concesión de la Cruz de la Orden de Franz Joseph a don Carlos Boríes

INFORME

Informe del Ministro de Asuntos Exteriores Conde Goluchowski[9], de 9 de mayo de 1902, Nº 22673, con la aprobación de las legaciones extranjeras competentes en las concesiones imperiales de la Orden, adjunta la lista de los mencionados ciudadanos extranjeros así como la lista de los residentes austríacos en el extranjero que solicita.

Acerca del Primer Ministro de Hungría Von Széll se inició la petición del Ministro Húngaro Conde Széchenyi para que la concesión de la Cruz de Comendador de la Orden de Franz Joseph con su estrella propuesta, fuera para el célebre cirujano Dr. E. Sonnenburg...[10]

PÁGINA 5[11]

A sugerencia del Consejo de Legación, el Sr. Rakovszky a su regreso de su viaje a América del Sur para recavar información, en el barco de Su Majestad "Danubio" por los años 1899-1901, llevado a cabo a petición del conde Goluchowski, solicitó humildemente que le fuera otorgada la Gran Cruz de la Orden de Franz Joseph a don Carlos Boríes y don María Sayago.

Ambos prestan a los numerosos ciudadanos austríacos y húngaros que residen en sus provincias una amplia protección y promoción de sus intereses. La concesión a los mencionados de tan honrosa condecoración sería bien vista por el Gobierno chileno.

En cuanto a Don Julius Pinkas, mencionado en el informe Rakovszky, a quien, como ciudadano brasileño, no se le permite aceptar ninguna orden extranjera, el actuante se reserva el derecho de hacer cualquier otra solicitud análoga. En otro informe, Rakovszky informó que durante su viaje de asesoramiento a Costa Rica, por orden del Presidente de la República, el Capitán de Borbón lo acompañó desde la costa hasta la capital.

---

[9] El ilustre conde Agenor María Goluchowski (1849-1921) fue un hombre de Estado polaco. Entre 1895 y 1906 sirvió como Ministro de Asuntos Exteriores de Austria-Hungría.

[10] Texto transcrito por el periodista Sr. Karl J. Fellhuber, bibliotecario del Archivo Estatal de Viena, así como de la Sociedad Heráldica Genealógica Adler de Viena, que alberga alrededor de 60.000 libros sobre Austria-Hungría y sus familias. Su presidente el Honorable Doctor Lorenz Mikoletzky fue director general de los archivos austríacos. Algunos miembros de la Junta son archiveros, profesores y / o miembros de la Academia Austríaca de las Ciencias.

[11] Dada la dificultad de la caligrafía de los escribanos de la Cancillería Imperial, hubo algún pasaje o palabra que el Sr. Fellhuber no pudo transcribir. También el texto de dieciocho páginas documentaba la concesión de la Orden a otras personas que al no tener interés para Chile no han sido transcritas.

Después de que el gobierno alemán, en una ocasión similar, hubiera adquirido una ventaja significativa mediante un regalo, Rakovsszky propuso que se le regalara al capitán de Borbón, una águila de dos cabezas junto con un reloj de oro y una cadena adornada con la Corona de Hierro de Tercera Clase.

El mencionado ha sido cónsul honorario durante 21 años. En este largo tiempo ha mostrado especial entusiasmo por los intereses de los austríacos y húngaros y siempre ha cumplido sus obligaciones de manera muy satisfactoria,etc.

Tramitado según proyecto,
el 18 de mayo de 1902.

CONFIRMACIÓN DEL EMPERADOR

I

El altísimo (persona del Káiser)

Con la enmmienda de que yo (el emperador), al médico del Consejo secreto real y prusiano y profesor en la Universidad de Berlín, Dr. Sonnenburg, concedo mediante resolución del 24 de julio de 1898, la Cruz del Comandante de mi Orden de Franz Joseph ahora otorgándole la estrella.

Yo apruebo estas propuestas, entre otras cosas, y dispongo lo necesario a mi Teniente Chambelán para la entrega de los regalos (un reloj de oro y una cadena) para el capitán costaricense de Borbón.

II

CARTA MANUSCRITA DEL KÁISER AL CORONEL CHAMBELÁN

¡Querido conde Traun!

Le concedo al Capitán costarricense de Borbón, el águila doble adornada con una cadena de oro a la que va unida, después de que Ud. con el común acuerdo del Ministro de mi Casa y el de Exteriores, haga lo necesario para llevarlo a cabo.

Franz Joseph

Budapest, 20 de mayo de 1902

I. Orden	Nombre y cargo del condecorado	Observaciones
Orden de la Corona de Hierro II. Clase	El Dr. Göbel de Harrant, Gran Duque de Baden, Chambelán, miembro de la legación en el Ministerio de Asuntos Exteriores en Berlín.	Ciudadano de Baden
Orden de la Corona de Hierro III Clase	Otto Roestl, Consul Honorario Imperial Real en Puerto Montt, Valdivia (Chile).	Ciudadano chileno
Gran Cruz de la Orden de Franz Joseph	Don Carlos Boríes, Gobernador General de la Provincia de Punta Arenas y el Estrecho de Magallanes	Ciudadano chileno
Gran Cruz de la Orden de Franz Joseph	Don Carlos María Sayago, Gobernador General de la Provincia de Antofagasta	Ciudadano chileno

Al médico privado del Consejo Real Prusiano profesor en la Universidad de Berlín, Dr. E. Sonneburg, Su graciosa Majestad concede la Cruz del Comandante de la citada Orden con su estrella.

Su Apostólica Majestad Imperial y Real con la más alta resolución en el día de hoy ha concedido al Gobernador General de la Provincia de Punta Arenas y del Estrecho de Magallanes, Don Carlos Boríes y el Gobernador General de la Provincia de Antofagasta don Carlos María Sayago, ambos ciudadanos chilenos, la Gran Cruz de la Orden de Franz Joseph, El Secretario General del Real Ministerio de Justicia belga F.C. de Latour, al Consejero Principal Privado en la jurisdicción alemana imperial del interior, Fiscal prusiano en el Ministerio real prusiano prämissis praemittendis...(ilegible) a los que Su graciosa Majestad concede, a los cuales el loable Canciller de la Orden en cumplimiento de la petición del Altísimo, con la solicitud puesta en conocimiento, para que después se lleve a cabo con el acuerdo necesario del Sr. Ministro Imperial y Real de la Casa de Su Majestad y del Ministro de Exteriores.

Viena, 20 de mayo de 1902

En la loable Cancillería de la Orden de Franz Joseph[12]

Cancillería de la Orden de Franz Joseph

Número 868 del 30 de junio de 1903. Noticia del Gabinete de la Cancillería del 29 de mayo, número 1737 sobre la concesión imperial de la mencionada Orden en este día.

Escrito al Ministerio de Asuntos Exteriores Imperial-Real

Con motivo de la concesión imperial del 29 de mayo, envía el Canciller de la Orden de Franz Joseph, una Cruz de Comandante de la Orden que incluye un documento de otorgamiento, para el ciudadano chileno don Carlos Boríes, gobernador de la provincia de Magallanes.

Al mismo tiempo solicitamos cortésmente la devolución de la carta de 22 de mayo de 1902 Nº 551, mediante la que se enviaba a los chilenos don Carlos Boríes y don Carlos María Sayago, dos Grandes Cruces de la Orden de Franz Joseph con su certificado de otorgamiento correspondiente. Mediante escrito de 29 de mayo, Nº 1737, de la Cancillería de su Majestad Imperial y Real el otorgamiento fue cancelado.

Viena, 30 de junio de 1903

Su Majestad Imperial y Real Apostólica, por la más alta resolución del día de hoy, ha dictaminado que por la altísima resolución de 20 de mayo de 1902 acuerda conceder la Gran Cruz de la Orden de Franz Joseph a los ciudadanos chilenos don Carlos Boríes y don Carlos María Sayago.

Al mismo tiempo, Su Majestad Imperial y Real Apostólica, ha tenido la gentileza de conferir al primero de los mencionados, Don Carlos Carlos Boríes, gobernador del territorio de Magallanes, la Cruz del Comendador de la Orden de Franz Joseph.

Por encargo del Altísimo, el Gabinete de la Cancillería tiene el honor, de llevar a cabo lo pedido en su escrito de 20 de mayo, número de registro 1279, para lo cual el loable canciller de la Orden solicita el necesario conocimiento y acuerdo del Ministro de Asuntos Exteriores.

Viena, 29 de junio de 1903.

El director del Gabinete Imperial y Real
En la muy loable Cancillería de la Orden de Franz Joseph

Número: 868

Presente: 30 de junio de 1903[13]

INFORME

Informe del Ministro de Asuntos Exteriores, Conde Goluchowksi de 17 de junio de 1903 nº 41112/1 con motivo de la revocación de la concesión de la Orden a los ciudadanos chilenos don Carlos Boríes y don Carlos María Sayago de la Gran Cruz de la Orden de Franz Joseph, decidida por resolución imperial del 20 de mayo de 1902 nº 1279 a causa de la concesión de la Cruz del Comandante de la Orden de Franz Joseph al primero de los mencionados, Don Carlos Boríes.

Desde la arriba mencionada resolución imperial y como consecuencia del informe de la embajada Imperial y Real Austríaca en Chile de las circunstancias que allí acontecen, se ha comprobado que los gobernadores e intendentes de los territorios de las correspondientes provincias de esos países no tienen un rango superior, y por lo tanto, no sería la Gran Cruz de la Orden de Franz Joseph sino en su lugar la Cruz del Comandante la más acorde a la escala de rangos correspondientes de la Orden.

Weber

También se descubrió que, aunque don Carlos Boríes, es Gobernador del Territorio de Magallanes desde hace unos cuatro años, ha resultado ser un gran impulsor de nuestra colonia allí establecida (cerca de 1500 personas) y que el galardón también sería recibido con satisfacción por parte del Gobierno de Santiago.

Pero que don Carlos María Sayago, ya no ocupa el cargo de Intendente de Antofagasta, que ocupó por poco tiempo, y que en absoluto ha realizado especiales servicios en la promoción de nuestros intereses.

Ante estas circunstancias, el Conde Goluchowski no ha cursado la orden concedida al mencionado, procede a la revocación de la Orden otorgada, al tiempo que ofrece la concesión de la Cruz del Comendador de la Orden de Franz Joseph a don Carlos Boríes.

Weber

Cumplimiento según borrador
de 29 de junio de 1903.

---

[13] FJO_Zl._868ex1903. Haus-, Hof- und Staatsarchiv Wien

Resolución del Káiser

He aprobado con conocimiento el contenido de este informe y debe realizarse de forma diferente a mi resolución de 20 de mayo de 1902 por la que se concedía la Gran Cruz de mi Orden de Franz Joseph a don Carlos Boríes y don Carlos María Sayago.

Al mismo tiempo he resuelto conceder al primero, don Carlos Boríes, la Cruz del Comendador de mi Orden de Franz Joseph.

Franz Joseph

Número de registro de la Cancillería 1737-1903.
En la muy loable Cancillería de la Orden de Franz Joseph.

Su imperial y real apostólica Majestad ha ordenado mediante la más alta resolución del día de hoy, que su resolución imperial de 20 de mayo de 1902 por la que concedía la Gran Cruz de la Orden de Franz Joseph a los ciudadanos chilenos don Carlos Boríes y don Carlos María Sayago no se lleve a cabo.

Al mismo tiempo su Imperial y Real Apostólica Majestad ha concedido al primero de los mencionados, don Carlos Boríes, Gobernador del territorio de Magallanes la Cruz del Comendador de la Orden de Franz Joseph.

Por encargo del Káiser, lo certifica el Gabinete de la Cancillería en referencia a su comunicación del 20 de mayo de este año, registro de la Cancillería 1279. El loable Canciller de la Orden solicita información y después el necesario acuerdo con el Ministro de Asuntos Exteriores.

Viena, 29 de junio de 1903[14]

---

[14] Kabinettskanzlei_Zl._1737ex1903. Haus-, Hof- und Staatsarchiv Wien.

Verleihung des KomthurKreuz des Franz-Joseph-Ordens an Carlos Boríes

VORTRAG

Vortrag des Ministers des Allerhöchster Hauses und des Äußern, Grafen Goluchowski, ddo 9. Mai 1902. No. 22673, womit mit Zustimmung der betreffenden fremden Regierungen die Allergnädgste Verleihung von Allerhöchste Auszeichnungen an die in dem anverwahrten Verzeichnisse genannten fremdländischen Staatsangehörigen sowie an einen im Auslande wohnenden Österreicher aller-untertänigst erbeten wird.

ber den vom ungarischen Ministerpräsidenten von Széll angeregten Antrag des ungarische Ministers am Allerhöchster Hoflager Grafen Széchenyi wird für <u>Dr. E. Sonnenburg</u> /:Liste Z. 7:/ die ?? Anweisung des Comthurkreuzes des Franz-Joseph-Ordens mit dem Sterne anerbeten.

Dieser berühmte Chirurge, der seinerzeit auch an Seine Kaiserlich und Koniglich Hoheit dem durchlauchtigsten Herrn Erzherzog Karl Stephan sein …

SEITE 5…

Über Anregung des Legationsrathes von Rakovszky, welche er nach seiner Rückkehr von der im Auftrage des Grafen Gotuchowski auf Euerer Majestät Schiff „Donau" in den Jahren 1899-1901 nach Süd-Amerika unternommenen Informationsreise eingebracht hat, wird für <u>Don Boríes</u> /: Liste Z. 3 :/ und <u>Don Sayago</u> /: Liste Z. 4 :/ das Großkreuz des Franz-Joseph-Ordens aller-untertänigst erbeten.

Dieselben lassen den in ihren Amtsbezirken angesiedelten zahlreichen österreichischen und ungarischen Staatsangehörigen ausgiebigen Schutz und weitgehende Förderung ihrer Interessen angedeihen. Eine Allergnädigste Decorierung der Genannten würde von der chilenischen Regierung gerne gesehen werden.

Was den im Berichte Rakovszky´s erwähnten <u>Don Julius Pinkas</u> betrifft, welcher als brasilianischer Staatsangehöriger keine fremdländischen Orden annehmen darf, behält sich der Vortragende vor, gegebenen falls einen anderweitigen concreten Alleruntertänigste Antrag zu stellen.

In einem anderen Berichte hat von Rakovszky zur Kenntniß gebracht, daß ihm während des auf seiner Informationsreise stattgehabten Aufenthaltes im Gebiete von Costarica auf Befehl des Präsidenten dieser Republik der Hauptmann <u>de Bourbon</u> /: Liste Z. 20 :/ zugetheilt war, der ihn auch von der Küste an bis zur Hauptstadt begleitet hat.

Nach Analogie der bei einem ähnlichen Anlasse man der Kaiserlischen deutschen Regierung beobachteten Vorsprunges glaubt von Rakovszky die Allergnädgste Zuwendung eines Nippe gegenstandes und zwischen in Gestalt einer mit dem Doppeladler gezierten goldenen Uhr sammt Kette an de Bourbon in Antrag bringen zu dürfen. Der Vortragende befürwortete diesen Antrag und bittet um eine diesbezügliche Allerhöchste Weisung an den Oberstkämmerer.

Bei diesem Anlasse erlaubt sich Graf Goluchowski auch für den Kaiserlich und königlich Honorarkonsul Roestl /: Liste Z. 2 :/ den Orden der Eisernen Krone III. Classe Allergnädigste zu erbitten. Der Genannte ist seit 21 Jahren Honorar Consul, und hat in dieser langen Zeit mit besonderem Eifer die Interessen der Österreicher und Ungarn wahrgenommen und stets in der zufriedenstellendsten Weise seines Amtes gewaltet.

...etc. etc.

Erledigung laut Entwurf am 18. Mai 1902.

I. mit der Abänderung, dass Ich dem königlichen preußischen geheimen Medicinalrath und Professor an der Universität in Berlin, Dr. Sonnenburg zu dem ihm mit meiner Entschließung vom 24. Juli 1898 ??? verliehenen Comthurkreuze meines FranzJoseph-Ordens nun den Stern verleihe.

I.
Allerhöchste (person des Kaisers)

Ich genehmige diese Anträge und erlasse unter einem wegen des Souvenirs für den costaricanischen Hauptmann De Bourbon das Erforderliche an Meinen Oberst Kämmerer.

II.
Allerhöchsten Handschreiben an den Oberst- kämmerer.

Lieber Graf Traun! Ich verleihe dem costaricanischen Hauptmann De Bourbon eine Nippe /: eine mit dem Doppeladler gezierte goldene Uhr sammt Kette :/, wo nach Sie im Einvernehmen mit dem Minister Meines Hauses und des Äußeren das Erforderlich zu veranlassen haben.

Franz Joseph

Budapest 20. Mai 1902

I. Orden	Name und Charakter des Allergnädigst zu Decorierenden	Allfällige Bemerkungen
Orden der Eisernen Krone II. Classe	Dr. Göbel von Harrant, großherzoglich badischer Kammerherr, wirklicher Legationrath im Auswärtigen Amte in Berlin.	badischer StaatsAngehöriger
Orden der Eisernen Krone III. Classe	Otto Roestl, Kaiserlicher und Königlicher Honorar-Consul in Puerto Montt Valdivia (Chile).	chilenischer Staatsangehöriger.
Grosskreuz Des Franz-Joseph-Ordens.	Don Carlos Boríes, General-Gouverneur der Provinz Punta Arenas und der Maghellanstrasse.	chilenischer Staatsangehöriger
	Don Carlos Maria Sayago, General-Gouverneur der Provinz Antofagasta.	chilenischer Staatsangehöriger

...dem Kgl. preußischen geh. Medizinalrath Professor an der Universität in Berlin Dr. E. Sonne burg den Stern zu dem ihm mit Allerhöchste H v. 24/7 1898 (Lab. Z. 2828) Allergnädisgte verliehenen Komthur Kreuze des genannten Ordens.

Seine Kaiserliche und königlich-Apostolische Majestät haben mit Allerhöchster Entschließung vom heutigen Tage dem General-Gouverneur der Provinz Punta Arenas und der Maghellanstrasse, Don Carlos Boríes und dem GeneralGouverneur der Provinz Autofagasta Don Carlos Maria Sayago /: beide chilenische Staangehörige :/ das Großkreuz des Franz-Josef-Ordens, dem Generalsekretär im Königlich belgischen Justizminister F. C. de Latour, dem Geheimer Ober-Regierungsrath im Kaiserlichen deutschen Reichsamte des Inneren preußischen Staats- Anwalt Hauss, ...

... dem geheimer Ober-Regierungsrath im Königlichen preußischen Miniterium der der geistlichen prämissis praemittendis AngeAllergnädigste zu verleihen geruht, wovon die löbliche Ordenskanzlei in Befolgung eines Allerhöchstes Auftrages mit dem Ersuchen in Kenntnis gesetzt wird, hierauf das Erforderliche im Einvernehmen mit dem Herrn Kaiserlich und königlich Minister des Allerhöchstes Hauses und des Äußeren veranlaßen zu wollen.

Wien, 20. Mai 902

An die löbliche Kanzlei des Franz-Josef-Ordens[15]

Exp. 22/5 902

Kanzlei des Franz Joseph-Ordens.

Nr. 868 prs. 30. Juni 1903 Nota der Cabinetts Kanzlei vom 29. 5. Monats Zahl 1737 über die Allerhöchste Verleihung der nebenerwähnten Dekoration von demselben Tage.

Note

An das löbliche Kaiserlich und koniglich Ministerium des Kaiserliches und Königliches Hauses und des Äussern. Auf Grund der Allerhöchsten Verleihung vom 29. 5. Mts. Übermittelt die Kanzlei des Franz Joseph-Ordens im Anschluße zur gefälligen ZustellungsVeranlassung.......ein Comthurkreuz dieses Ordens sammt Notifikationsdekret für den chilenischen Staatsangehörigen, Don Carlos Boríes, Gouverneur des Territoriums Magellanes mit dem Mein höfliches Ersuchen, die Rücksendung den mit S. o. Nota vom 22. Mai 1902 Zahl 551 für die chilenischen Staatsangehörigen Don Carlos Boríes und Don Carlos Maria Sayago übermittelten zwei Großkreuze sammt den bezüglichen Notifikationsdekreten gefälligst veranlassen zu wollen, nachdem er laut Note dem Cabinetskanzlei Seiner Kaiserlische und Königliche Apostolische Majestät vom 29. 5. Mtl Zahl 1737 von diesen mit Allerhöchste Entschließung sein Abkommen zu finden hat.

Wien, 30. Juni 1903

Seine Kaiserliche und königliche Apostolische Majestät haben mit Allerhöchster Entschließung vom heutigen Tage anzuordnen befunden, daß es von der mit der Allerhöchsten Entschließung vom 20. Mai 1902

---

[15] Kabinettskanzlei_Zl._1279ex1903, Haus-, Hof- und Staatsarchiv Wien.

erfolgten Verleihung des Großkreuzes des Franz Joseph-Ordens an die chilenischen Staatsangehörigen Don Carlos Boríes und Don Carlos Maria Sayago sein Abkommen zu finden habe.

Gleichzeitig haben Seine Kaiserliche und königliche Apostolische Majestät dem Erstgenannten, Don Carlos Boríes Gouverneur des Territoriums Magellanes das Komturkreuz des Franz Joseph-Ordens allergnädigst zu verleihen geruht.

Im Allerhöchsten Auftrage beehrt sich die KabinettsKanzlei unter Bezugnahme auf ihre Zuschrift vom 20. Mai w. J. ad Kanzlei Zahl 1279 die löbliche Ordenskanzlei hievon mit dem Ersuchen in Kenntnis zu setzen, hier nach das Erforderliche im Einvernehmen mit dem Herrn Kaiserlich und Königlich Minister des Kaiserlichen und Königlichen Hauses und des Äußeren veranlassen zu wollen.

Wien, 29. Juni 1903

der Kaiserlich und koniglich KabinettsDirektor

An die löbliche Kanzlei des Franz-Joseph-Ordens.

Zahl: 868
Präs: 30. Juni 1903

VORTRAG

Des Ministers des Allerhöchstes Hauses und
des Äußeren Grafen Gluchowksi

ddo 17. Juni 1903

No. 41112/1

Wegen Rückgängigmachung der Dekorierung der chilenischen Staatsangehörigen Don Carlos Boríes und Don Carlos Maria Sayago mit dem Großkreuze des Franz Joseph-Ordens, (Allerhöchsten Entschließung vom 20. Mai 1902 K. Z. 1279) und wegen Allergnädigste Verleihung des Komturkreuzes des Franz Joseph-Ordens an den Erstgenannten.

Seit der obzitierten Ah. Entschließung – insbesondere in Folge der durch die unterrichtete österreich ungarish Gesandtschaft in Chile vermittelten genaueren Kenntnis der dortigen Verhältnisse – hat es sich herausgestellt, daß die Gouverneure und ??? ?enten der Territoriuen beziehungsweise Provinzen jenes Landes keinen höheren, als ungefähr Obersten Rang haben, somit nicht das Großkreuz, sondern das

Komturkreuz des den Allerhöchsten Herren führenden Ordens die ihrer Stallung entsprechende Dekoration wäre.

Außerdem wurde konstatiert, daß wohl Don Carlos Boríes, welcher seit etwa vier Jahren Gouverneur des Territoriums Magellanes ist, sich als warmer Förderer unser dortigen Kolonie (etwa 1500 Personen) erweist und daß seine Dekorierung auch von Seiten der Regierung in Santiago mit Genugtuung begrüßt werden würde, daß aber Don Carlos Maria Sayago den von ihm nur kurze Zeit innegehabten Intendantenposten von Antofagasta gegenwärtig nicht mehr bekleidet und sich überhaupt keinerlei besonderen Verdienste um unsere Interessen erworben hat.

Unter diesen Umständen nimmt Graf Goluchowski Anstand, an die Zustellung der den Genannten Allergnädigsten verliehenen Ordensinsignien zu schreiten und erlaubt sich ??? ??? um die Rückgängigmachung der in Rede stehenden Ordensverleihungen, zugleich aber auch um die Allergnädigsten Verleihung des Komturkreuzes des Franz Joseph Orden an Boríes n . u. zu bitten.

Weber

Erledigung nach Entwurf
am 29. Juni 1903.

Allerhöchste Entschließung.

Ich habe den Inhalt dieses Vortrages genehmigend zur Kenntnis genommen und hat es von der mit Meiner Entschließung vom 20. Mai 1902 erfolgten Verleihung des Großkreuzes Meines Franz Joseph-Ordens an Don Carlos Boríes und Don Carlos Maria Sayago hiemit sein Abkommen zu finden.
Zugleich finde Ich Mich bestimmt, Ersterem das Komturkreuz Meines Franz Joseph-Ordens zu verleihen.

Franz Joseph

ad. Kanzlei Zahl 1737-1903

An die löbliche Kanzlei des Franz Joseph-Ordens.

Seine Kaiserliche und Königlich-Apostolische Majestät haben mit Allerhöchster Entschließung vom heutigen Tage anzuordnen befunden, daß es von der mit der Allerhöchsten Entschließung vom 20. Mai 1902 erfolgten Verleihung des Großkreuzes des Franz Joseph-Ordens an die chilenischen Staatsangehörigen Don Carlos Boríes und Don Carlos Maria Sayago kein Abkommen zu finden habe.

Gleichzeitig habe seine Kaiserliche und Königliche-Apostolische Majestät dem Erstgenannten, Don Carlos Boríes, Gouverneur des Territoriums Magellanes, das Komturkreuz des Franz Joseph-Ordens Allergnädigste zu verleihen geruht. Im Allerhöchste Auftrage begla??? lich die Kabinettskanzlei unter Bezugnahme auf ihre Zuschrift vom 20. Mai v. J. Kanzlei Zahl 1279 die löbliche hiervon mit dem Ersuchen in Kenntnis zu setzen, hiernach das Erforderliche im Einvernehmen mit dem Herrn Minister des Kaiserliches und Königliches Hauses und des Äußeren veranlassen zu wollen.

Wien, am 29. Juni 1903[16]

[16] Kabinettskanzlei_Zl._1737ex1903. Haus-, Hof- und Staatsarchiv Wien.

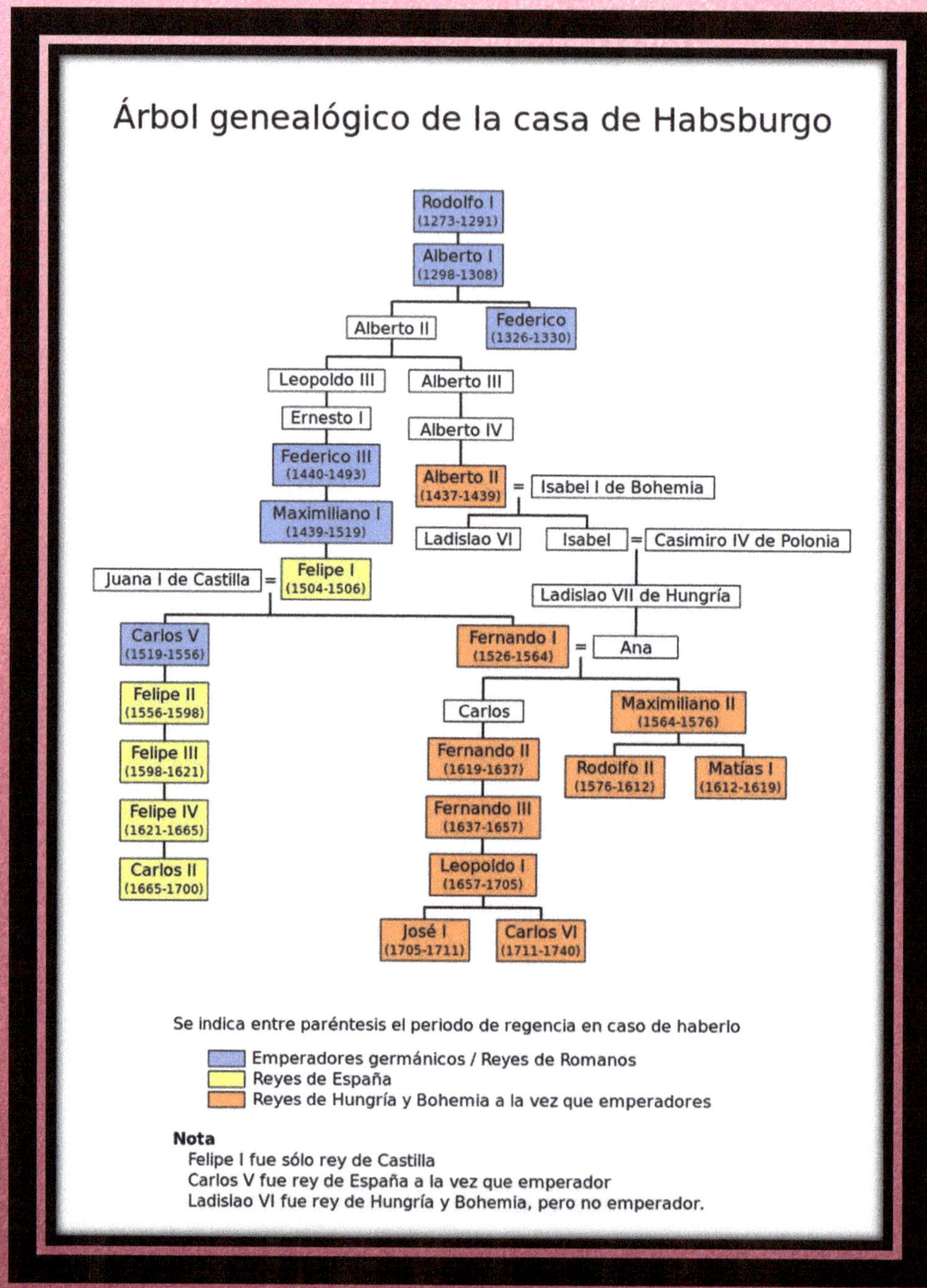

[17] Aunque este breve fragmento es anterior a Franz Joseph nacido en 1830, es interesante constatar como en la Casa de Habsburgo confluían los emperadores germánicos, los reyes de España y los reyes / emperadores de Hungría y Bohemia.

Bibliografía

Alonso Marchante, J. L. (2019). *Menéndez, rey de la Patagonia.* Santiago de Chile: Catalonia Ltda.

Anhang, R. (1884). *Die Orden, Wappen und Flaggen aller Regenten und Staaten.* Leipzig.

Belza, J. E. (1977). *En la sla del fuego.* Buenos Aires: Instituto Salesiano de Artes Gráficas.

Bonacic Doric, L. (1941-1946). *Historia de los yugoslavos en Magallanes: su vida y su cultura* (Vol. I). Punta Arenas.

Braun Menéndez, A. (1974). *Pequeña Historia Antártica.* Buenos Aires: Santiago: Editorial Francisco de Aguirre.

Diem, P. (1995). *Die Symbole Österreichs.* Wien: Krenmayr & Scheriau.

Gritzner, M. (1893). *Handbuch der Ritter und Verdienstorden aller Kulturstaaten der Welt.* Leipzig.

Martínez-Hidalgo y Terán, José María. (1961). *Enciclopedia general del mar* (Vol. Vol.IV). Madrid-Barcelona: Garriga Asociados, S.A.

Martinic B, M. (2006). *Historia de la región magallánica.* Punta Arenas: Editorial de la Universidad de Magallanes.

Méndez García de la Huerta, A. (1975). Juntas Revolucionarias de los años 1890 y 1891. *Revista Chilena de Historia y Geografía*(143), 73 y sigs.

Ortner, C., & Ludwigstorff, G. (2017). *Österreichs Orden und Ehrenzeichen, Teil I, Die Kaisedrlich -Königlichen Oren bis 1918.* Wien: Verlag Militaria.

Piedrabuena Richard, G. (2019). *Familias en la historia (Piedrabuena, Richard, Barnard y Boríes.* Santiago de Chile: Imprenta Salesianos, S.A. .

Pontificia Universidad Católica de Chile. (1967). Relaciones entre Austria-Hungría y Chile. Primera Parte: 1900. *Anales de la Facultad de Filosofía y Ciencias de la Educación* , 129-132.

Schnürer, F., & Guido Ritter von Turba. (1912). *Der Káiserlich oesterreichische Franz Joseph Orden und seine Mitglieder.* Wien.

Silva Vildósola, C. (1928). *Las Fuerzas Armadas de Chile: Álbum Histórico.* Santiago: Empresa Editora "Atenas", Boyle y Pellegrini Limited.

Stolzer, J., & Steeb, Christian. (1996). *Österreichs Orden vom MIttelalter bis zur Gegenwart.* Graz: Akademische Druck und Verlagsanstalt.

Vial Correa, G. (206). *Historia de Chile (1891-1973).* Santiago de Chile : Zig-Zag.

Viciuña Mackenna, B. (1880). *Historia de la campaña de Tarapacá.* Santiago de Chile: Imprenta y Litografía de Pedro Cadot.

Wegmann H., O. (1997). *Magallanes histórico.* Punta Arenas.

Yáñez Rodríguez, E. (2003). *Actividad pesquera y de acuicultura en Chile.* Valparaíso: Ediciones Universitarias de Valparaíso.

Zauritz Sepúlveda, W. (2003). *Historia militar de Magallanes.* Punta Arenas.

Tabla de ilustraciones

Árbol genealógico de la casa de Habsburgo, incluyendo emperadores gérmanicos, reyes de Hungría y Bohemia y reyes de España (Wikimedia Commons, Creative Commons).

Imperial Order of Franz Joseph, Officer's badge with war decoration, 1914-1918. Austro-Hungary. The exhibition of the Tallinn Museum of Orders of Knighthood, Estonia. (Wikimedia Commons, Creative Commons Attribution-Share Alike 4.0 International, CC-BY-SA-4.0)

Portrait of Franz Joseph I of Austria, 1899, Philip de László, Hungarian National Museum. Wikimedia Commons. PD-Art (PD-old-70).

Retrato de Carlos Boríes, gobernador de magallanes, que se conserva en el Salón de Plenos de la Municipalidad de Punta Arenas. El cuadro fue realizado por el pintor Nicanor González Méndez.

Imagen de portada:Wappen der Habsburger Káisers des Heiligen Römischen Reiches Deutscher Nation (1558-1637). Autor Johann Siebmacher, 1605. Wikimedia Commons. CC-PD-Mark.

Textura color púrpura, referencia 1177447, autor Kevin Phillips, Pixabay.
Textura color naranja, referencia 1126920, autor Pinkzebra, Pixabay.
Textura color amarillo, referencia 934546, autor Marie Sylvie Degueurce, Pixabay.
Textura color azul, referencia 1921589, autor Mrs.Mary, Pixabay.
Textura rojiza, referencia 2419495, autor Fajar Budiman, Pizabay.
Textura verdosa, referencia 816091, autor cgrape, Pixabay.
Textura rosa, referencia 2037185, autor JL G, Pixabay.
Textura azul: https://www.freepick.com/free-vector/grunge-aquarelle-painted-textured-surface_4360752.
Fondo de papel grunge, referencia 1914910, MrsMary, Pixabay.
Fresh green textured stucco wall background, Freepick.
Textura fondo de papel de hojas marrón, referencia 916264, autor Catharina 77, Pixabay.

Acerca del autor

Daniel Piedrabuena Ruiz-Tagle (1964). Nació y vivió sus primeros nueve años de vida en Santiago de Chile. Lleva residiendo cuarenta y uno en España, fundamentalmente en Madrid. Licenciado en Derecho (Uned), Diplomado en Empresas y Actividades Turísticas (Uned), Técnico Publicitario (Centro Español de Nuevas Profesiones). Ha sido durante diecisiete años (1994-2012) investigador de la Biblioteca Nacional de España, Real Academia de la Historia, Archivo Histórico Nacional, Archivo del Ejército, de la Marina, de la Biblioteca Hispánica, Fundación Tavera, Fundación alemana Göerres y otros muchos archivos y bibliotecas.

Asimismo ha investigado en diversos archivos regionales, realizando un total de seis viajes por España: tres a Málaga, donde ha investigado en el Archivo Histórico Provincial, en el Archivo Municipal y en el Archivo Catedralicio; dos a Sevilla, donde ha investigado en el Archivo General de Indias y en la Casa de Pilatos; uno a Granada, donde ha investigado en la Real Chancillería. Fruto de esta ingente labor investigadora ha escrito la serie titulada *Los protegidos del César*, la cual se subdivide en dos tomos; el primero, *El conquistador alemán Pedro Lísperguer Wittemberg*; y el segundo, *Los Lísperguer Wittemberg: una familia alemana en el corazón de la cultura chilena*.

Gran admirador de la obra de su abuela, también el autor ha escrito otra obra titulada *Impresiones de Lucía Richard*, en la que no sólo se consagra como investigador, sino que relata con maestría los principales movimientos literarios y feministas de la década de los 40 y 50. Interesado en los méritos de sus antepasados, ahora el autor publica *Concesión de la Cruz de la Orden de Franz Joseph a Carlos Boríes, gobernador de Magallanes (1898-1904)*.

La vocación intelectual del autor y su amor a la tierra americana que le vio nacer, le ha llevado a seguir estudiando y en la actualidad está cursando un máster de la Facultad de Filología titulado "Máster Universitario en Formación e Investigación Literaria y Teatral en el Contexto Europeo", dependiente del Departamento de Literatura Española y Teoría (Uned), que contiene muchos presupuestos americanistas.

Autor del libro: *El conquistador alemán Pedro Lísperguer Wittemberg*
Autor del libro: *Los Lisperguer Wittemberg: una familia alemana en el corazón de la cultura chilena*
Autor del Libro: *Impresiones de Lucía Richard*
Autor del artículo: Los Lísperguer Wittemberg: Luces y sombras de una singular familia alemana presente en la historia de España y Chile
Administrador del Blog: http://lisperguerwittemberg.blogspot.com.es
Visita su página en Facebook: https://www.facebook.com/LisperguerWittemberg/
Visita su página en Twitter: https://twitter.com/danielpiedrab10
Visita su página en Wordpress: https://booksideals.wordpress.com/
Si este libro te ha cautivado, interesado, o si simplemente te ha sido útil, puedes también comentarlo en la plataforma donde lo hayas adquirido. Gracias.